AF194858

Schattenhotel

gedichte
pit vogt

Idee, Design & Layout: Pit Vogt

Alle Texte sind frei erfunden

Impressum

Herstellung und Verlag:
BoD – Books on Demand, Norderstedt
ISBN: 9783755757115

© *2021*

Erinnerungen

Erinnerungen wiegen schwer
Sie ziehen hin
Weit übers Land
Sind reich, lebendig
Traurig, leer
Ziehn mit dem Wind
Mal hin
Mal her
Mal ganz tief drin
Mal unbekannt

Erinnerung an dich und mich
An unser Leben
Wie's mal war
Sind voller Freude
Sicherlich
Sind Licht und Schatten
Ewiglich
Tief drin im Herz
So sonnenklar

Erinnerungen ziehen fort
Du bleibst allein
Doch wieder nicht
Sie wiegen schwerer als manch´ Wort
Sie ziehen mit
Von Ort
Zu Ort
Weil ohne sie
Dein Traum
Zerbricht

Schatten

Ein heller Schatten an der Wand
In dieser Nacht schlaf ich nicht ein
Ein heller Umriss nur
Verkannt
Es ist ein Schatten an der Wand
Ich starr ihn an
Ich soll das sein

Der Mond zieht schweigend
Quer durchs All
Eiskaltes Licht wirft er auf mich
Ich fühle mich im freien Fall
Ich komm hart auf
Es fehlt der Knall
Bin in der Schwebe
Ewiglich

Die Nacht scheint endlos
Mir ist kalt
Dort an der Wand mein Schattenbild
Mein Schrei nach Leben
Längst verhallt
Das Ende keift
Ich komme bald
Die Stunden nur von Angst erfüllt

Von fern ein Glockenschlag
S´ ist Eins
So zwischen gestern
Morgen
Heut
Warum viel Geld
Ich habe keins
Ein fremdes Glück
Das ist nicht meins
Am End der Zeit man nichts mehr scheut

Mein Hirn vergilbt die Hoffnung fort
Nur Tränen
Und nur Trauer bleibt
An diesem dunkeltrüben Ort
Erstirbt die Zuversicht
Das Wort
Die Leere nur mein Buch beschreibt

Der helle Schatten an der Wand
Jetzt ist es weg
Das war wohl ich
Es war ein Umriss nur
Verkannt
Verweht manch´ Spur von mir am Strand
Zerschlissene Träume
Sicherlich

Vorbei

Mit Euch bin ich gestorben
Nie habe ich gelebt
Die Qualen
All die Sorgen
Manch' toter Tag
Und Morgen
Schon bald vom Sturm
Verweht

Mit Euch bin ich gegangen
Nie war ich richtig hier
Tief in mir selbst gefangen
Wo Teufelshunde
Sangen
Da starb manch' Traum
Manch' Gier

Mit Euch bin ich verschwunden
Nie fand ich's Glück der Welt
Da klafften tiefe Wunden
Ich hab mich nie gefunden
Ich hab mich nur gequält

Ich bin mit Euch gestorben
Vielleicht ists besser so
Nie bin ich Mensch geworden
Vorbei die Angst
Die Sorgen
Wir sind nun
Anderswo

Heiliger Abend

Dunkelheit zieht durch die Gassen
Arg verschneit sind Dächer
Wald
Städte scheinen schon verlassen
Da, ein Christkind stapft durch Straßen
Reibt die Hände sich
S' ist kalt

Heiligabend auf der Erde
Vieles ist nicht mehr wies war
Dass es wieder besser werde
Ohne Hass und manch' Beschwerde
Weihnachtswünsche
Hell und klar

Heimlichkeit in Kinderaugen
Weihnachtsnacht für alle Leut
Ja, ich will an Weihnacht glauben
Mit ein bisschen
Gottvertrauen
So nur wird die neue Zeit

Es fällt Schnee
Ganz sacht und leise
Glocken läuten um mich her
Überall hüllt Schnee und Eise
Alles ein
In sanfte Weiße
Glauben fällt heut Nacht nicht schwer

Lasst uns jetzt fürs Leben beten
Für die Liebe
Für die Welt
Weihnachtszeit kann Eintracht geben
Bittet Gott um neuen Segen
Dass der Frieden weiter hält

Dunkelheit senkt sich hernieder
Weihnachtsbaum
Im Lichterglanz
Ja, wir singen Weihnachtslieder
Heut am Heiligabend wieder
Unterm schönsten
Weihnachtskranz

Bahnsteig

Ein leerer Bahnsteig nachts halb Drei
Es regnet und ich bin allein
Der letzte Zug ist lang vorbei
Es ist so kalt
So gegen Drei
Es sollte doch niemals so sein

Du warst so nah und doch so fern
Hast mich geküsst
Hast nichts gesagt
Ich sehnte mich zu deinem Stern
Schien dir so nah
Blieb doch so fern
Dort wo die Nacht
Kaum Träume hat

Ein Sturm peitscht allen Regen fort
Seh dein Gesicht
Es lächelt leis
An diesem düster kalten Ort
Erstirbt manch blödes dummes Wort
Und alle Hoffnung ward zu Eis

Ein leerer Bahnsteig nachts um Drei
Es regnet und ich wart allein
Ein letzter Zug kam nie vorbei
Ich schau zurück
Ins Einerlei
Vielleicht sollt alles doch so sein

Verirrt

Falsch die Wege
Die ich ging
Weil ich mich im Nichts verfing
Dunkelheit tief in mir drin
Nirgendwo ein echter Sinn

Irgendwo mich selbst verlorn
Irgendwann total erfrorn
Wie verdorrtes Laub im Wald
Drifte ich
Und fühl mich alt

Nebel wabert durch den Kopf
Ganz egal
Was ich auch hoff
Alles dreht sich wild
Im Sturm
Bin so hilflos wie ein Wurm

Habe mich in mir verirrt
Bin vom Teufel wohl entführt
Wo ist nur ein guter Ort
Wo find ich mein eignes Wort

Zeigt mir Gott den neuen Weg
Dass ich wieder fühl:
Ich leb
Noch ist Dunkelheit in mir
Doch die Hoffnung wartet hier

Boulevard der Tränen

Hier am Boulevard der Tränen
Seh ich geliebte Menschen
Sie alle sind gegangen
Ich verneige mich vor ihnen
Und sing den leisen Song
Nur hier
Am Boulevard der Tränen

Hier in diesen Einsamkeiten
Hör ich die alten Lieder
Die wir einst gesungen
Ich will sie mit Euch jetzt singen
Und sing laut den schönsten Song
Für Euch
Am Boulevard der Tränen

Tief in meinen Wunderwelten
Spüre ich die neuen Zeiten
Die ich einstmals träumte
Ich will sie ewig weiterträumen
Und träume still vom Wiedersehn
Mit Euch
Am Boulevard der Tränen

Abschied

So gerne würd ich mit Euch träumen
Nochmal spazieren durch den Park
Und liegen unter Mandelbäumen
Und nichts vom Leben je versäumen
Mit Euch gestalten
Jeden Tag

Würd gern mit Euch nochmal verreisen
Und Fotos machen
Ach
So viel
Und Mamas Lieder hörn
Die leisen
Wenn Züge klappern auf den Gleisen
So wie als Kind
Als alles Spiel

Noch einmal möcht ich mit Euch reden
Und lachen
Weinen
Alles halt
Ich wünscht, Ihr kämt zurück ins Leben
Jetzt sitz ich hier
Und kann nur beten
Und jeder Tag ist schlimm
Und kalt

Mit frischen Blumen komm ich wieder
Zu Eurem Grab
Und bleibe lang
Ich hör von fern′ die alten Lieder
Da ist kein Trost im letzten Flieder
Da ists in Herz und Seele
Bang

Was bleibt

Nach all dem Leben
Was bleibt da noch
Nach dem Nehmen
Geben
Nach dem endlos weiten
Streben
Nach den vielen
Seelenbeben
Sag es mir:
Was bleibt uns noch

Nach all den Träumen
Was bleibt da noch
Nach den dutzend
Blöden Freuden
Nach dem
Viel zu viel Versäumen
Nach dem
Allzu viel Vergeuden
Sag mir jetzt:
Was bleibt uns noch

Nach all den Kriegen
Was bleibt uns noch
Nach den vielen dummen Lieben
Nach dem Gehen
Dem Versiegen
Nach dem
Plötzlich wieder kriegen
Sag mir doch:
Was bleibt da noch

Nach all dem Leben
Was bleibt uns noch
Nach allem Blinzeln, Hoffen, Sehen
Nach dem
Niemals mehr Verstehen
Nach dem letzten Winken
Gehen
Weißt du nicht
Was bleibt da noch

Zerrissen

Auf jenem Friedhof ist's so kühl
Die Blumen wiegen sich im Wind
Erinnerungen
Ach, so viel
An all die Zeiten
Leid und
Spiel
Ich wär so gern wie einst
Als Kind

Kein Mensch ist hier
Es ist so still
Manch Traum verweht im Regenguss
Erinnerungen
Ach, so viel
Hier auf dem Friedhof gibt's kein Ziel
Hier gibt's kein Anfang
Keinen Schluss

Ich würd so gerne bei Euch sein
Die Einsamkeit wiegt schwer
So schwer
Erinnerungen müssen sein
Doch wiegen sie schwer wie ein
Stein
Zerrissen scheint das Herz
Und leer

Auf jenem Friedhof ist's so kalt
Der Abend kommt
Und Regen fällt
Da lebt man jung
Da wird man alt
Und man vergeht zu schnell
Und bald
Was bleibt
Wenn uns hier nichts mehr hält

Tränen

Tränen sind deine Seele tief in dir
Sind so heiß und kalt zugleich
Sie sind so fern
Und doch immer nah bei dir
Machen dich unendlich reich

Tränen sind dein Herz ganz tief in dir
Sind so laut und still zugleich
Sie sind mal schwach
Und dann wieder voller Gier
Sie sind so hart
Und doch so butterweich

Tränen sind das Leben tief in dir
Sind so voller Hoffnung
Und voll Trauer
Ja
Sie sind so einfach
Und doch so reich an Zier
Sie sind stets ehrlich und wohl immer
Da

Mein Hirte

Wenn die Stürme auf dich schlagen
Wenn der Donner dich erschrickt
Werd ich Dich zum Himmel tragen
Ach, Du hast so viele Fragen
Und Du weißt nicht, ob es glückt

Wenn Du ganz allein im Leben
Wenn Dir niemand helfen will
Werd ich Kraft Dir wieder geben
Und dann wirst Du besser leben
Denn Dein Leben steht nie still

Wenn die Trauer Dich zerrüttet
Wenn durch Tränen Du nichts siehst
Wenn die Hoffnung fast verschüttet
Wenn ein Beben in Dir wütet
Wenn am Boden Du schon kniest

Dann schau auf zum weiten Himmel
Schau zu mir
Zu Deinem Herrn
Und auf einem prächtgem Schimmel
Zieh ich übern blauen Himmel
Bis ins All zu Deinem Stern

Niemals wirst allein Du bleiben
Und die Trauer weicht von Dir
Neu Dein Leben
Neue Zeiten
Auf dem Schimmel wirst Du reiten
Ich bin da
Ich warte hier

Deine Mama lässt Dich grüßen
Sie will, dass Du lachen kannst
Komm mein Sohn
Du brauchst nicht büßen
Nutz die Zeit
Den Tag, den süßen
Weil den Glaube Du jetzt fandst

Am Grab

Die Welt ist noch die gleiche
Doch Ihr seid nicht mehr da
Ich steh an einer Weiche
Und gar nichts mehr ist klar

Die Atos fahren weiter
Die Wolken ziehen fort
Manch' Tag ist trüb
Ist heiter
Mich hält nichts mehr am Ort

Warum seid Ihr gegangen
Ich komm damit nicht klar
Bin tief in mir gefangen
Nichts ist mehr
Wie es war

Erinnerungen schlagen
Die Seele wund und tot
Da sind so viele Fragen
Da bliebt noch so viel Not

Jetzt wart' ich hier am Grabe
Und Regen fällt ins Gras
Wo ich nichts denk
Nichts sage
Sind nur die Augen nass

Ich kann „Ade" nicht sagen
Vielleicht bleibt ein „Bis bald"
In Nächten und manch' Tagen
Friert Trauer
Bitterkalt

Noch hör ich Eure Stimmen
Sie sind so nah bei mir
Im Herz
In meinen Sinnen
Am Grab
Bei Euch
Und hier

Die Welt ist nicht die gleiche
Denn Ihr seid nicht mehr da
Ich steh auf einer Weiche
Weil nichts ist
Wie es war

Allein

Zerrissen
Brach
Die kranke Seele
Ein Lachen gibt es lang nicht mehr
Wohin ich geh
Wohin ich sehe
Ist alles düster
Dunkel
Schwer

Allein geh ich die Holperwege
Nirgends ein Halt
Und auch kein Sinn
Warum ich bin
Warum ich lebe
Weiß ich nicht mehr
Und mir ist kalt

Erinnerungen sind wie Steine
Sie wiegen schwer in Herz
Und Hirn
Wo immer ich auch bin
Und bleibe
Es schmerzt nur noch
Die heiße Stirn

Im Nebel schwinden meine Spuren
Was bleibt von mir
Was bleibt da noch
Es stehen meine Lebensuhren
Zerrissen
Brach
Ganz tief im Loch

Verloren

Nachts spiegeln sich die Straßen
In den Augen
Den weinend
Nassen
Allein trittst du in Pfützen
Niemand kann dich stützen
Und du frierst dich durch die Regennacht
Weil dein Gesicht nie wieder so lacht

Nachts spiegeln sich die Träume
In der Seele
In schwarzgraue Räume
Dass man nur ja nichts versäume
Dir fehlt das Glück
Du suchst nach Freude
Und du schreist dich durch die triste Nacht
Weil dein Herz nicht mehr schlägt wie gedacht

Nachts spiegeln sich Gelüste
Die es geben müsste
Jenseits mancher Drogen
Oder Küsse
Einsamkeit bleibt
Die bittersüße
Und du gierst dich durch die heiße Nacht
Weil deine Liebe irgendetwas Sau-Blödes macht

Nachts spiegeln sich die Tode
Die du stirbst
Die du verdirbst
Jenseitig aller schön-skurrilen Mode
Erfriert dir der Leib
Die Pfote
Und du stirbst dich durch die starre Nacht
Weil deine Hoffnung in Stücke
Zerkracht

Blaue Schatten

Blaue Schatten auf der Wiese
Alles scheint geheimnisvoll
Kleines Wesen
Nein, kein Riese
Schwebt auf jener dunklen Wiese
Tödlich oder
Wundervoll

Mitternacht ists auf dem Lande
Überall schweigt
Haus und Hund
Irgendwas am Waldesrande
Da, ein Blitz schießt in den Sande
Merkwürdig wards Stund um Stund

Blaue Kugeln in den Lüften
Hüllen sich in Nacht und Wind
Wie sie in den Himmel driften
So was gab es nie
Mitnichten
Ob es wirklich Aliens sind

Dann versinkt die Nacht im
Schweigen
Und die Zeit steht wieder still
Dieser kunterbunte Reigen
Wollte sich vielleicht nur zeigen
Mit dem Traum vom
Schattenspiel

Schatten einer Liebe

Es war ein Schatten nur
Der blieb
Sie schaute sich noch einmal um
Dort, wo manch' dunkle Wolke zieht
Hat sie gewartet, was geschieht
Hat sie ertragen
Treu und
Dumm

Er schlug sie mitten ins Gesicht
Das Blut kam schnell
Es tropfte wild
Sie sah wohl seine Bosheit nicht
Sie wollte gehen
Und doch nicht
Ein Leben nur von Angst erfüllt

Einst liebten sie sich wirklich sehr
Sie kam aus Russland
Arm und schön
Ihr Leben war so einsam
Schwer
Ach, oftmals fühlte sie sich leer
Doch wollt zurück sie nie mehr gehn

Er schwor ihr Treue
Liebe
Glück
Verlassen wollte er sie nie
Doch irgendwann
So Stück um Stück
Schlug trister Alltag hart zurück
Das Geld ward knapp
Es reichte nie

So soff er sich die Nächte schön
Am Tag hing er im Stadtpark rum
Sie konnt das alles nicht verstehn
Ganz tief im Herzen wollt sie gehn
Ihr Leben schien ihr
Schief und krumm

Doch blieb sie bei ihm
All die Zeit
Ging täglich putzen für fast Nichts
Sie wusste, wenn sie sich befreit
Schlägt er sie weiter tief ins Leid
Ein Dasein jenseits allem Lichts

Doch eines Morgens gings nicht mehr
Er lag besoffen noch im Bett
Da holte sie den Koffer her
Sie packte schnell
Im Herz wars schwer
Nur endlich fort von alldem Dreck

Sie schaute sich noch einmal um
Da war ein Schatten nur
Der blieb
Ging sie jetzt nicht
Brächt er sie um
Nie wieder leiden
Treu und stumm
Dort, wo manch´ dunkle Wolke
Zieht

Seelenschatten

Wie die Tage
Die ich zähle
Sind die Schatten auf der Seele
Und was immer ich auch tue
Nirgends find ich meine Ruhe

Alles ist wie festgefahren
Überall seh ich Gefahren
Nichts gelingt
Ich bin am Ende
Und es zittern meine Hände

Alles scheint mir zu entgleiten
Kriech durch dunkle müde Zeiten
Alle Hoffnung scheint gestorben
Nein, ich hoff nicht mehr auf Morgen

Und ich träum nur noch mein Leben
Doch es kann mir nichts mehr geben
Frag mich all die schlechten Tage
Warum ist so trüb die Lage

Seh die Menschen
Die zufrieden
Weiß nicht mehr
Wo ich geblieben
Und die Schatten auf der Seele
Sind wie Tage
Die ich zähle

Laufen lernen

Aus dem Körper rausgesprungen
Leer liegt diese Hülle dort
Dieser Sprung ist gut gelungen
Du bist stolz
Und sprichst kein Wort

Ach, du fliegst durch alle Zeiten
Keine Grenze gibt es mehr
Jetzt noch da
Wirst dort nicht bleiben
Es geht leicht
Und nichts ist schwer

So müsst es wohl immer bleiben
Ohne Leib geht's einfach gut
Ohne Alter
Ohne Zeiten
Ohne schweres krankes Blut

Doch du musst zurück zum Körper
Kriechst hinein
Fühlst dich nur blöd
Plötzlich ist so vieles schwerer
Du hast Angst
Dass nichts mehr geht

Musst das Leben wieder lernen
Denn das ist kein freier Flug
Kannst nicht springen zu den Sternen
Für das Leben brauchst du Mut

Wie ein Kind lernst du das Laufen
Stolperst oft
Stehst wieder auf
Ohne Jammern
Ohne Schnaufen
Schaffst du diesen ersten Lauf

Eines Tages rennst du wieder
Durch die Straßen
Durch manch' Park
Fliegen brauchst du wohl nie wieder
Weil du kraftvoll bist
Und
Stark

Weihnacht auf dem Friedhof

Schweigen überm Friedhofspark
Dunkel wird's
Die Kälte kommt
Schnee fällt sacht auf manches Grab
Weihnacht hier im Friedhofspark
Hier, wo alle Trauer wohnt

Manches Grablicht flackert leis
Langsam deckt der Schnee es zu
Marmor glitzert schwarz
Und weiß
Auf den Wegen glänzt das Eis
Heilig diese Totenruh

Kann ein Weihnachtslied erahnen
Ach, es fliegt von Grab zu Grab
Hier, wo viele kommen
Kamen
Hier, wo liegen all die Ahnen
Wo mir Gott so vieles sagt

Leicht verfängt sich eine Brise
Da, wo Mutter, Vater sind
Stille über Baum und Wiese
Nur das Säuseln jener Brise
Sagt zu mir:
Sei wieder Kind

Niemand ist im Park zu sehen
Doch es sind so Viele da
Alle lebten einst im Leben
Kann sie doch noch immer sehen
Eingehüllt von Schnee
Recht klar

33

Ja, sie lächeln mir entgegen
Es ist kalt
Doch mir ists warm
Niemals endet unser Leben
Nur geht es auf neuen Wegen
Bis es kommt im Himmel an

Hoffnung überm Friedhofspark
Heilger Abend
Heilge Nacht
Schnee fällt sacht auf manches Grab
Wo ich so viel Liebe hab
Wo ich stets an Euch gedacht

for Mom and Dad

Schattenhotel

Im Hotel der dunklen Schatten
Treffen sich die Geister nachts
Hören heimlich alte Platten
Piepsen mit den Mäusen
Ratten
Und sie speisen
Roten Lachs

Dies Hotel der tausend Träume
Siehst du nur 'gen Mitternacht
Über Felder
Wälder
Bäume
Schwebts hinauf in Weltenräume
Driftets durch Magie und
Pracht

Irgendwo in deinem Leben
Findest du dies Wunderhaus
Manch' Erkenntnis wird's dir geben
Hoch wird's auf den Wolken schweben
Manchmal siehts wohl düster aus

Glaub an das Hotel der Schatten
Wo die Geister heimisch sind
Dort sind nicht nur Mäuse
Ratten
Dort gibt's nicht nur alte Platten
Dort wirst neu du
Wie ein Kind